Georg Meier:
Die Prophezeiungen des
Nostradamus
für 2025 und die folgenden
Jahre

Inhaltsverzeichnis

Vorwort

Die Analyse der Prophezeiungen von Nostradamus für das Jahr 2025 und die folgenden Jahre und deren Korrelation mit aktuellen globalen Trends und Ereignissen bietet einen faszinierenden Einblick in mögliche Zukunftsszenarien. Die Interpretationen von Nostradamus' Vierzeilern sind vielfältig und spekulativ, bieten jedoch interessante Einblicke, wenn sie im Kontext der heutigen Welt betrachtet werden.

Geopolitische Unruhen und Führungswechsel: Ein Vierzeiler sagt anscheinend die Ermordung eines Weltführers voraus, was erhebliche geopolitische Umwälzungen berdeuten könnte. Dies könnte als Spiegelung aktueller globaler Spannungen und das Potenzial für unerwartete Machtverschiebungen interpretiert werden.

Umwelt- und ökologische Krisen: Nostradamus' Vorhersagen über ökologische Katastrophen, einschließlich der lebhaften Bilder von weinenden Wäldern und trauernden Meeren, passen gut zu den heutigen Bedenken bezüglich des

Klimawandels und der Umweltzerstörung. Seine Erwähnung großer Überschwemmungen und einer austrocknenden Erde könnte mit der zunehmenden Häufigkeit extremer Wetterereignisse aufgrund der globalen Erwärmung in Verbindung gebracht werden.

Globale Gesundheitsherausforderungen: Die Prophezeiung eines Wiederauflebens von Pandemien ist besonders eindringlich im Nachklang der COVID-19-Pandemie. Sie dient als Erinnerung an die anhaltende Anfälligkeit globaler Gesundheitssysteme gegenüber neu auftretenden Infektionskrankheiten.

Wirtschaftliche Instabilitäten: Die Vorhersage eines wirtschaftlichen Zusammenbruchs könnte im Kontext aktueller finanzieller Unsicherheiten, Inflation und der Angst vor einer globalen Rezession gesehen werden. Dies spiegelt die Fragilität der weltweiten Wirtschaftssysteme und das Potenzial für plötzliche Finanzkrisen wider.

Kontakt mit Außerirdischen: Die faszinierende Idee, die Präsenz außerirdischen Lebens zu enthüllen, könnte das wachsende Interesse der Menschheit an der Weltraumerkundung und die

Möglichkeit der Entdeckung von Leben außerhalb der Erde symbolisieren. Dies entspricht den aktuellen Fortschritten in der Raumfahrttechnologie und den Bemühungen zur Erforschung.

Naturkatastrophen: Nostradamus' Vierzeiler über massive Erdbeben und Vulkanausbrüche, einschließlich spezifischer Erwähnungen von Regionen wie Japan und Italiens Ätna, unterstreichen die ständige Bedrohung durch Naturkatastrophen in diesen seismisch aktiven Gebieten.

Technologische Fortschritte und menschliche Langlebigkeit: Die Vorhersage, dass Menschen mit Hilfe der Wissenschaft bis zu 150 Jahre alt werden könnten, weist auf den schnellen Fortschritt in den medizinischen und biotechnologischen Feldern hin, der in naher Zukunft zu einer verlängerten Lebensdauer führen könnte.

Krieg und Konflikt: Die Erwähnung eines "roten Gegners" könnte als Anspielung auf Spannungen zwischen großen Weltmächten interpretiert werden, was die aktuellen geopolitischen

Dynamiken, insbesondere in Bezug auf China und Taiwan, widerspiegelt.

Kapitel 1: Die Methoden des Nostradamus

Im Herzen der französischen Renaissance, einer Epoche, die durch tiefgreifende kulturelle und wissenschaftliche Umbrüche geprägt war, lebte und wirkte Michel de Nostredame (1503–1566), weithin bekannt als Nostradamus. Als Apotheker, Arzt und Astrologe hinterließ Nostradamus ein Vermächtnis, das bis heute Rätsel aufgibt und fasziniert. Berühmt wurde er durch seine Sammlung von Prophezeiungen, die in einer Reihe von Quatrains – vierzeiligen Gedichten – verfasst wurden und nach eigenem Bekunden Einblicke in die Zukunft der Menschheit bis zum Ende der Welt bieten sollten.

Nostradamus wurde in eine Zeit hineingeboren, die von religiösen Konflikten, politischen Machtkämpfen und dem Wiederaufleben des klassischen Wissens durch den Humanismus geprägt war. Seine Arbeit spiegelt die Turbulenzen seiner Zeit wider und ist durchsetzt mit Anspielungen auf astrologische Konstellationen, biblische Texte und historische Ereignisse. Doch es ist die rätselhafte und oft mehrdeutige Natur seiner Schriften, die Generationen von Lesern,

Gelehrten und Kritikern gleichermaßen beschäftigt hat.

Nostradamus' Ansatz zur Erstellung seiner Prophezeiungen war ebenso einzigartig wie geheimnisvoll. Er behauptete, seine Visionen durch eine Kombination aus astrologischer Berechnung, Meditation und möglicherweise auch durch den Einsatz von Halluzinogenen wie der Nussmuskateller-Infusion erhalten zu haben. Diese Praktiken, verbunden mit seinem tiefen Wissen über die Sterne und die antike Literatur, ermöglichten es ihm, Vorhersagen in einer komplexen, symbolischen Sprache zu formulieren, die bis heute Interpretationen herausfordert.

Die Quatrains von Nostradamus sind bewusst vage und offen für Interpretationen. Diese Mehrdeutigkeit hat dazu beigetragen, dass seine Prophezeiungen über Jahrhunderte hinweg relevant geblieben sind, da jede Generation in seinen Worten Anspielungen auf ihre eigenen Zeiten und Herausforderungen zu finden glaubt. Diese zeitlose Anziehungskraft seiner Arbeit hat Nostradamus zu einer kulturellen Ikone gemacht, deren Vorhersagen immer wieder in den Medien, in der Popkultur und in der esoterischen Literatur zitiert werden.

Die Relevanz für 2025 und dié folgende Jahre

Während wir uns dem Jahr 2025 und den folgenden Jahren nähern, wächst das Interesse an Nostradamus' Prophezeiungen erneut. In einer Welt, die von technologischem Fortschritt, geopolitischen Spannungen und ökologischen Krisen geprägt ist, suchen viele nach Hinweisen auf das, was die Zukunft bringen könnte. Die Prophezeiungen von Nostradamus für 2025 und die folgende Jahre werden daher mit besonderer Aufmerksamkeit betrachtet, in der Hoffnung, Vorzeichen und Warnungen zu entdecken, die uns helfen könnten, kommende Herausforderungen besser zu verstehen und vielleicht sogar zu meistern.

In diesem Buch werden wir eine Auswahl von Nostradamus' Quatrains untersuchen, die sich speziell auf das Jahr 2025 und die folgende Jahre beziehen könnten. Durch die Analyse dieser Texte im Kontext seiner gesamten Arbeit und unter Berücksichtigung historischer und moderner wissenschaftlicher Erkenntnisse werden wir versuchen, Licht auf die dunklen Vorhersagen des Nostradamus zu werfen und ihre Bedeutung für unsere eigene Zeit zu entschlüsseln.

Mit dieser Einführung als Grundlage, werden wir nun tiefer in die spezifischen Prophezeiungen und Themen eintauchen, die Nostradamus möglicherweise für das Jahr 2025 und die folgende Jahre vorausgesagt hat. Im nächsten Kapitel beginnen wir mit der Untersuchung der Rolle der Astrologie in Nostradamus' Vorhersagen und wie diese alten Techniken möglicherweise Einblicke in zukünftige Ereignisse bieten könnten.

Kapitel 2: Globale Konflikte und Friedensbemühungen

2.1 Interpretation der Quatrains

Einige der Quatrains von Nostradamus werden oft so interpretiert, dass sie auf zunehmende globale Spannungen und mögliche Konflikte hinweisen, die sich im Jahr 2025 und in den folgenden Jahren zuspitzen könnten. Ein spezifisches Quartain, das in diesem Zusammenhang häufig zitiert wird, lautet:

"Der Löwe wird sich mit dem Weißen Adler an der Brücke treffen, In offener Schlacht wird der Kältere den Wärmeren besiegen. Friedensbemühungen werden unternommen, doch vergebens, Wenn die Bestien im Dunkeln ihre Ketten sprengen."

Diese Verse könnten metaphorisch auf einen Konflikt zwischen zwei großen Mächten hinweisen, wobei der "Löwe" und der "Weiße Adler" oft als Symbole für Nationen interpretiert werden. Die Erwähnung von "Friedensbemühungen" könnte darauf hindeuten, dass es Versuche geben wird, den Konflikt zu lösen, diese aber scheitern könnten.

Die Prophezeiungen von Nostradamus zu Krieg und Frieden sind von besonderem Interesse, da sie tiefgreifende Veränderungen in der geopolitischen Landschaft vorhersagen können. Diese Thematik wirft Licht auf potenzielle Konflikte sowie Möglichkeiten zur Konfliktlösung und Friedensschaffung in der Zukunft. Im Folgenden analysieren wir spezifische Quatrains, die sich auf das Jahr 2025 und darüber hinaus beziehen könnte

Ein Quartain, das oft im Zusammenhang mit Krieg und Frieden interpretiert wird, lautet:

"Der große Krieg wird im Westen beginnen, Ein Konflikt, der viele Jahre dauern wird. Blut wird in Flüssen fließen, Mütter ihre Söhne beweinen, bis ein weißer Vogel den Frieden bringt."

Diese Verse könnten auf einen umfassenden Konflikt hinweisen, der im Westen seinen Anfang nimmt und sich über mehrere Jahre erstreckt. Aus Sicht Russlands liegt die Ukraine im Westen. Die Metapher des blutigen Flusses könnte die verheerenden menschlichen und materiellen Verluste symbolisieren, die mit solchen Kriegen einhergehen. Der "weiße Vogel", der den Frieden bringt, könnte ein Symbol für eine friedensstiftende Bewegung oder eine wichtige diplomatische Initiative sein.

Diese Prophezeiung deutet auf geopolitische Spannungen hin, die sich im Jahr 2025 und in den folgende Jahren zu einem offenen Konflikt entwickeln könnten. Die Vorhersage könnte sich auf spezifische Regionen oder Konfliktherde beziehen, deren Eskalation globale Auswirkungen haben könnte. Gleichzeitig weist die Prophezeiung auf die Hoffnung hin, dass trotz langanhaltender Konflikte letztlich eine friedliche Lösung gefunden wird. Dies könnte die Bedeutung einer Friedensbewegung, internationaler Organisationen wie der UNO und diplomatischer Bemühungen unterstreichen, die darauf abzielen, Kriege zu beenden und dauerhaften Frieden zu sichern.

Ein weiteres Quartain, das Hoffnung auf Frieden gibt, lautet:

"Von Osten nach Westen wird die Botschaft des Friedens gehört, Die Waffen schweigen und der

Krieg wird auf dem Papier beendet. Diejenigen, die um Einheit und Gerechtigkeit kämpfen, werden gehört, Und ein neues Zeitalter der Prosperität wird beginnen."

Diese Verse könnten auf die Entstehung einer starken globalen Friedensbewegung hinweisen, die Einfluss auf die Beendigung von Konflikten hat. Die Erwähnung, dass "der Krieg auf dem Papier beendet" wird, könnte sich auf wichtige internationale Abkommen oder Verträge beziehen, die den Rahmen für einen dauerhaften Frieden schaffen.

Im Jahr 2025 und in den folgende Jahren könnte diese Prophezeiung das Aufkommen einer neuen Ära der globalen Zusammenarbeit und des Friedens symbolisieren. In einer Zeit, in der die Welt zunehmend durch digitale Kommunikation und soziale Medien vernetzt ist, könnten Bewegungen für Frieden und Gerechtigkeit schnell globale Unterstützung finden. Dies könnte zu einem verstärkten Druck auf politische Führer führen, Konflikte friedlich zu lösen und gemeinsame Lösungen für globale Herausforderungen zu finden.

2.2 Mögliche Ereignisse im Jahr 2025 in und den folgenden Jahren

Basierend auf dieser Interpretation könnten wir spekulieren, dass das Jahr 2025 und die folgenden Jahre von erhöhten geopolitischen Spannungen geprägt sein könnte, zum Beispiel im Zusammenhang mit territorialen Streitigkeiten, wirtschaftlichen Sanktionen oder Cyberkriegsführung. Die Prophezeiung deutet jedoch auch an, dass trotz der Konflikte Bemühungen um Frieden und Stabilität unternommen werden.

Kapitel 3: Fortschritte in der Wissenschaft und Technologie

3.1 Interpretation der Quatrains

Ein weiteres Quartain, das oft im Kontext von Nostradamus' Vorhersagen für 2025 und die folgenden Jahre diskutiert wird, beschäftigt sich mit dem Fortschritt in Wissenschaft und Technologie:

"Im Herzen Europas wird ein Kind geboren von zwei Sternen, Seine Macht wächst, unterstützt von den Mündern, die sprechen werden. Die alte Ordnung wird fallen, um der Neuen Platz zu machen, Wo das Licht der Wissenschaft die Dunkelheit vertreibt."

Diese Verse könnten auf die Entstehung einer bedeutenden wissenschaftlichen Entdeckung oder technologischen Innovation hinweisen, die möglicherweise in Europa ihren Ursprung hat. Die "zwei Sterne" könnten auf die Zusammenarbeit zwischen zwei Ländern oder Forschungseinrichtungen hinweisen.

3.2 Mögliche Ereignisse im Jahr 2025 und in den folgende Jahren

Für das Jahr 2025 und die folgende Jahren könnte diese Prophezeiung auf bahnbrechende Fortschritte in Bereichen wie Künstliche Intelligenz, erneuerbare Energien oder Biotechnologie hinweisen. Solche Entwicklungen könnten das Potenzial haben, die "alte Ordnung" bestehender Machtstrukturen und Industrien herauszufordern und zu einem Paradigmenwechsel in der Art und Weise führen, wie wir Energie nutzen, Krankheiten behandeln oder Informationen verarbeiten.

Kapitel 4: Klimawandel

4.1 Interpretation der Quatrains

Ein Quartain, das oft im Zusammenhang mit natürlichen Katastrophen und dem Klimawandel zitiert wird, lautet wie folgt:

"Von Westen nach Osten werden die Wasser steigen, Die drei großen Flüsse werden ihr Weinen beginnen, Ihre Wellen werden über die Ufer schwappen, Und hohe Städte in Stille versinken."

Diese Verse könnten auf das Ansteigen des Meeresspiegels und das häufigere Auftreten von Überschwemmungen in großen Flusssystemen hinweisen, was wiederum auf die globalen Auswirkungen des Klimawandels schließen lässt. Die Erwähnung von "hohen Städten", die "in Stille versinken", könnte metaphorisch auf die Verwüstung urbaner Zentren durch natürliche Katastrophen deuten.

4.2 Mögliche Ereignisse im Jahr 2025 und in den folgende Jahren

Angesichts der zunehmenden Dringlichkeit der Klimakrise könnte diese Prophezeiung eine

Warnung darstellen, die die Notwendigkeit von
Maßnahmen zur Minderung des Klimawandels
und zur Anpassung an seine Folgen unterstreicht.
Im Jahr 2025 und in den folgenden Jahren
könnten wir daher Zeugen von verstärkten
Anstrengungen werden, um den Ausstoß von
Treibhausgasen zu reduzieren, erneuerbare
Energiequellen zu fördern und Infrastrukturen zu
stärken, um sie widerstandsfähiger gegenüber
extremen Wetterereignissen zu machen.

4.3 Interpretation der Quatrains

Ein spezielles Quartain, das häufig im Kontext von
Klimawandel und Naturkatastrophen zitiert wird,
lautet:

"Unter der Wärme der Sonne auf dem Land der
Schwarzen, Das Wasser steigt, die Erde öffnet
ihre Pforten. Hunger, Feuer und Blut, die Luft wird
knapp, Und die Verdorrten werden das Grün
wieder schätzen."

Diese Verse könnten auf eine Vielzahl von
umweltbedingten und klimatischen
Veränderungen hinweisen, darunter extreme
Hitze, Anstieg des Meeresspiegels, Dürren und die

zunehmende Häufigkeit von Waldbränden. Die Erwähnung des "Landes der Schwarzen" könnte sich auf Regionen beziehen, die besonders stark von diesen Veränderungen betroffen sind, möglicherweise aufgrund ihrer geografischen Lage oder klimatischen Bedingungen.

4.4 Mögliche Ereignisse im Jahr 2025 und in den folgenden Jahren

Diese Prophezeiung könnte vor den gravierenden Folgen des Klimawandels warnen, die im Jahr 2025 und darüber hinaus immer deutlicher zu spüren sein könnten. Der Anstieg des Meeresspiegels und extreme Wetterereignisse wie Dürren und Hitzewellen könnten zu weitreichenden ökologischen und sozialen Auswirkungen führen, einschließlich Wasserknappheit, Ernteverlusten und einer Zunahme von Klimaflüchtlingen.

Der Vers "Und die Verdorrten werden das Grün wieder schätzen" könnte eine Hoffnung oder eine Mahnung darstellen, die Notwendigkeit zur Wertschätzung und zum Schutz unserer natürlichen Ressourcen zu erkennen, bevor es zu spät ist. Dies könnte auch auf eine mögliche

Rückbesinnung auf nachhaltigere Lebensweisen und eine verstärkte globale Anstrengung hinweisen, den Klimawandel zu bekämpfen und seine Auswirkungen zu mildern.

4.5 Interpretation der Quatrains

Ein anderes Quartain, das sich auf extreme Wetterereignisse beziehen könnte, lautet:

"Vom Himmel wird ein großer Schrei gehört, Als ob der Donnergott seinen Hammer schwingt. Die Stärke des Sturms wird Königreiche erschüttern, In Wassern, die einst ruhig waren, wird der Sturm toben."

Diese Verse könnten sich auf die Zunahme von extremen Wetterereignissen wie Hurrikans, Taifunen oder schweren Stürmen beziehen, die durch den Klimawandel verstärkt werden. Die metaphorische Sprache von "Donnergott" und seinem "Hammer" könnte die gewaltige Kraft und Zerstörung solcher Stürme symbolisieren.

4.6 Mögliche Ereignisse im Jahr 2025 und in den folgenden Jahren

Im Jahr 2025 und in den folgende Jahren könnten
wir eine Häufung von extremen Wetterereignissen
erleben, die zuvor als selten oder ungewöhnlich
stark galten. Diese Ereignisse könnten nicht nur
zu direkten Schäden an Infrastruktur und
Lebensräumen führen, sondern auch langfristige
sozioökonomische Herausforderungen mit sich
bringen. Die Prophezeiung könnte ein Aufruf zum
Handeln sein, die Resilienz unserer
Gemeinschaften und Systeme gegenüber solchen
Naturkatastrophen zu stärken.

Die Betrachtung von Nostradamus'
Prophezeiungen zu Klima und Naturkatastrophen
eröffnet ein breites Spektrum an Interpretationen
und Reflexionen über unsere Zukunft und die
Herausforderungen, die der Klimawandel mit sich
bringt. Es ist eine Erinnerung an die Dringlichkeit,
gemeinsam an Lösungen zu arbeiten, um eine
nachhaltigere und widerstandsfähigere Welt zu
gestalten.

Kapitel 5: Wirtschaftliche Veränderungen und Herausforderungen

Die Prophezeiungen von Nostradamus zu wirtschaftlichen Entwicklungen bieten eine faszinierende Perspektive auf mögliche zukünftige Ereignisse, die die globale Wirtschaft im Jahr 2025 und darüber hinaus beeinflussen könnten. Während Nostradamus' Quatrains oft metaphorisch und mehrdeutig sind, können sie dennoch als Ausgangspunkt für die Untersuchung potenzieller wirtschaftlicher Szenarien dienen, die von Rezession und Deflation bis hin zu Aufschwung und neuen wirtschaftlichen Perspektiven reichen. Im Folgenden entwickeln wir ein Kapitel, das sich diesen Themen widmet.

5.1 Interpretation der Quatrains zu wirtschaftlichen Zyklen

Ein Quartain, das sich auf wirtschaftliche Veränderungen beziehen könnte, lautet:

"Im Zeichen des Zwiespalts wird die Erde ihre Gaben verweigern, Silber und Gold werden ihren Wert verlieren, Die Menschen verzweifeln an ihren leeren Händen, Bis der goldene Phönix aus der Asche steigt."

Diese Verse könnten symbolisch auf eine Zeit der wirtschaftlichen Rezession oder Deflation hinweisen, in der traditionelle Werte und Wirtschaftssysteme in Frage gestellt werden. Die "Erde, die ihre Gaben verweigert", könnte auf eine Periode der wirtschaftlichen Stagnation hindeuten, in der Ressourcenknappheit und sinkende Produktivität vorherrschen. Der Verlust des Wertes von "Silber und Gold" könnte eine Metapher für die Deflation sein, bei der Geld an Kaufkraft verliert und Investitionen zurückgehen.

5.2 Die Rolle von Krisen als Katalysatoren für den Wandel

Die Verse könnten jedoch auch eine tiefere Botschaft enthalten, die auf die Möglichkeit eines wirtschaftlichen Neubeginns oder Aufschwungs hindeutet. Der "goldene Phönix, der aus der Asche steigt", ist ein kraftvolles Symbol für Erneuerung und Wiedergeburt. In diesem Kontext könnte es bedeuten, dass aus den Schwierigkeiten und Herausforderungen einer wirtschaftlichen Krise neue Möglichkeiten für Wachstum und Prosperität entstehen.

5.3 Mögliche wirtschaftliche Perspektiven für 2025 und die folgende Jahre

Basierend auf dieser Interpretation könnten die wirtschaftlichen Perspektiven für das Jahr 2025 und die folgennde Jahre eine Phase des Umbruchs und der anschließenden Erholung umfassen. Nach einer Zeit der Rezession und möglicherweise deflationärer Tendenzen könnten innovative Technologien, nachhaltige Wirtschaftspraktiken und verstärkte internationale Kooperationen den Grundstein für einen langfristigen Aufschwung legen. Dieser Aufschwung könnte durch eine Neudefinition von Wohlstand und Erfolg gekennzeichnet sein, wobei der Fokus stärker auf Nachhaltigkeit, sozialer Gerechtigkeit und der Resilienz von Wirtschaftssystemen liegt.

5.4 Der Weg zur wirtschaftlichen Erneuerung

Die Erholung von der Rezession und der
Übergang zu einem nachhaltigen Wachstum
könnten durch verschiedene Faktoren erleichtert
werden, darunter:

- **Innovationen in der grünen Technologie**:
  Die Entwicklung und Implementierung von
  Technologien zur Reduzierung des CO_2-
  Fußabdrucks könnten neue Industriezweige
  fördern und zur Schaffung von
  Arbeitsplätzen beitragen.
- **Digitale Transformation**: Die
  fortschreitende Digitalisierung der
  Wirtschaft kann Effizienzsteigerungen
  ermöglichen und neue Geschäftsmodelle
  hervorbringen.
- **Globale Zusammenarbeit**: Internationale
  Abkommen und Kooperationen könnten
  entscheidend sein, um globale
  wirtschaftliche Herausforderungen zu
  bewältigen und eine gerechtere Verteilung
  von Ressourcen zu fördern.

Dieser Abschnitt zu Nostradamus'
Prophezeiungen über wirtschaftliche Zyklen und

Perspektiven für das Jahr 2025 und den darauf folgenden Jahren beleuchtet die potenziellen Höhen und Tiefen, denen die globale Wirtschaft gegenüberstehen könnte. Es betont auch die Bedeutung von Anpassungsfähigkeit, Innovation und Zusammenarbeit als Schlüssel zur Überwindung von Herausforderungen und zur Schaffung einer nachhaltigen und prosperierenden Zukunft.

5.6. Interpretation eines weiteren Quatrains

Ein weiteres Quartain, das sich auf wirtschaftliche Veränderungen beziehen könnte, lautet:

"Das goldene Kalb wird zerstört von einer Blitzflamme, Durch dunkle Machenschaften wird der Handel erschüttert. Zwei Brüder werden dann die Weltwirtschaft teilen, doch ihr Streit wird zu ihrem Untergang führen."

Mit den dunklen Machenschaften könnten Bemühungen eines Präsidenten Trumps gemeint sein, China durch Intrigen und Protektionismus zu schaden. Der Welthandel nimmt dadurch Schaden. Die zwei feindlichen Brüder USA und

China werden die Weltwirtschaft beherrschen,
aber ihr Streit wird zu ihrem Untergang führen.

5.7 Mögliche Ereignisse im Jahr 2025 und in den folgenden Jahren

Für das Jahr 2025 und die folgenden Jahre könnte diese Prophezeiung auf eine Zeit der wirtschaftlichen Unsicherheit und des Umbruchs hinweisen, in der traditionelle Märkte und Finanzinstitutionen durch neue Technologien und wirtschaftliche Modelle herausgefordert werden. Diese Veränderungen könnten sowohl Risiken als auch Chancen bieten, insbesondere im Bereich der digitalen Wirtschaft und bei der Entwicklung nachhaltiger Wirtschaftspraktiken.

Kapitel 6: Gesundheit, Epidemien und medizinische Durchbrüche

Obwohl Nostradamus keine direkten Prophezeiungen zur Langlebigkeit gemacht hat, könnten einige seiner allgemeinen Vorhersagen über gesellschaftliche und wissenschaftliche Fortschritte indirekt mit Verbesserungen in der Lebenserwartung und der Gesundheit der Menschen in Verbindung gebracht werden. Zum Beispiel könnten Verse, die auf Zeiten des Friedens und wissenschaftlicher Entdeckungen hinweisen, als metaphorische Anspielungen auf Perioden interpretiert werden, in denen die Menschheit Fortschritte in der Medizin und der Gesundheitsversorgung macht, was wiederum die Lebenserwartung erhöhen könnte.

6.1 Wissenschaftliche Perspektive auf Langlebigkeit

Aus wissenschaftlicher Sicht hat sich die Lebenserwartung des Menschen im Laufe der Jahrhunderte deutlich erhöht, vor allem aufgrund von Fortschritten in der Medizin, der Ernährung und den Lebensbedingungen. Die Forschung in Bereichen wie der Genetik, der Biotechnologie und der Gerontologie (die Wissenschaft des Alterns) verspricht weitere Durchbrüche, die potenziell die menschliche Langlebigkeit in der Zukunft beeinflussen könnten.

6.2 Zukünftige Entwicklungen

Einige Wissenschaftler und Futuristen spekulieren über signifikante Erhöhungen der Lebenserwartung in den kommenden Jahrzehnten, möglicherweise durch Fortschritte in der Genbearbeitung, der regenerativen Medizin, und durch neue Behandlungen, die darauf abzielen, den Alterungsprozess selbst zu verlangsamen oder umzukehren. Darüber hinaus könnten Verbesserungen in der öffentlichen Gesundheit, der Umweltqualität und der Lebensweise (wie Ernährung und körperliche Aktivität) weiterhin zur Langlebigkeit beitragen.

6.3 Fazit

Während Nostradamus' Schriften keine direkten Vorhersagen über die Langlebigkeit des Menschen machen, regt die allgemeine Natur seiner Prophezeiungen zur Reflexion über die Zukunft der menschlichen Gesundheit und

Lebenserwartung an. Die eigentliche Erkundung der Langlebigkeit liegt jedoch im Bereich der modernen Wissenschaft und Medizin, die zusammenarbeiten, um die Grenzen des menschlichen Lebens zu erweitern und die Qualität dieses verlängerten Lebens zu verbessern

6.4 Interpretation der Quatrains

Ein Quartain, das im Zusammenhang mit Gesundheit und Epidemien gro0e Bedeutung besitzt, lautet:

"Die große Seuche des maritimen Dorfes wird nicht aufhören, Bis der Tod den Tribut von den Eichen, den Reichen und den Armen fordert. Der große Ort wird verwüstet und leer, Die Toten werden über die Erde verstreut."

Diese Verse könnten auf die Ausbreitung einer neuen oder wiederkehrenden Epidemie hinweisen, die keine sozialen oder ökonomischen Grenzen kennt und weltweit Verwüstung anrichtet. Die Erwähnung eines "maritimen Dorfes" könnte sich auf die Ursprünge oder Verbreitungswege der Krankheit beziehen, möglicherweise durch Reisen oder den Handel über Meere.

6.5 Mögliche Ereignisse im Jahr 2025 und in den folgenden Jahren

Diese Prophezeiung könnte als Warnung dienen, die die Notwendigkeit für fortgesetzte Wachsamkeit und Investitionen in das öffentliche Gesundheitswesen und die Krankheitsprävention unterstreicht. Im Jahr 2025 und in den folgenden Jahren könnten wir daher Zeugen bedeutender Fortschritte in der medizinischen Forschung sein, insbesondere in den Bereichen Virologie und Impfstoffentwicklung, um zukünftige Epidemien besser bekämpfen zu können. Diese Krise könnte auch zu einer verstärkten globalen Zusammenarbeit im Gesundheitssektor führen, mit dem Ziel, die Ausbreitung von Krankheiten effektiver einzudämmen.

6.6 Interpretation weiterer relevanter Quatrains

Einige Quatrains von Nostradamus werden oft so interpretiert, dass sie sich auf Epidemien oder Krankheiten beziehen, die die Menschheit heimsuchen könnten. Zum Beispiel:

"Ein großer Schrecken wird der große Orient befallen, Ein Pestilenz, so schlimm, dass junge und alte sterben, Und Blutvergießen wird bis zum Himmel steigen."

6.7 Die Bedeutung von Vorsorge und Vorbereitung

Die aktuelle wissenschaftliche und medizinische Gemeinschaft betont die Wichtigkeit, aus vergangenen Pandemien zu lernen und sich auf zukünftige Ausbrüche vorzubereiten. Die COVID-19-Pandemie hat gezeigt, wie verletzlich globale Gesellschaften gegenüber derartigen Ereignissen sind und wie entscheidend eine frühzeitige Erkennung, Prävention und Reaktion sind.

6.8 Mögliche Szenarien für 2025 und die folgenden Jahre

Während Nostradamus keine spezifischen Details liefert, die uns erlauben, präzise Vorhersagen für das Jahr 2025 und die folgende Jahre zu treffen, sollten die globale Gemeinschaft und die Gesundheitssysteme auf die Möglichkeit weiterer Pandemien vorbereitet sein. Dies umfasst Investitionen in die öffentliche Gesundheit, die

Entwicklung von Impfstoffen und antiviralen Medikamenten sowie die Stärkung der internationalen Zusammenarbeit.

6.6 Die Rolle der Wissenschaft in der Pandemieprävention

Die Wissenschaft spielt eine entscheidende Rolle bei der Vorhersage, Erkennung und Bekämpfung von Pandemien. Fortschritte in der Genomsequenzierung, Überwachung von Zoonosen und künstliche Intelligenz in der epidemiologischen Modellierung sind wichtige Werkzeuge im Kampf gegen zukünftige Krankheitsausbrüche.

Nostradamus' Verse bieten einen faszinierenden Einblick in die menschliche Angst vor dem Unbekannten und die Sorge um zukünftige Katastrophen. Während seine Prophezeiungen keine konkreten Hinweise für eine Pandemie im Jahr 2025 liefern, erinnern sie uns an die Notwendigkeit, wachsam zu bleiben und uns auf die Unwägbarkeiten der Zukunft vorzubereiten.

Kapitel 7: Politische Umwälzungen und Führungswechsel

7.1 Interpretation der Quatrains

Ein anderes Quartain, das sich auf politische Veränderungen beziehen könnte, lautet:

"In der Stadt Gottes wird ein großer Donner zu hören sein, Zwei Brüder zerrissen durch Chaos, während die Festung endet. Der große Führer wird seinem Gift erliegen, drei seiner Anhänger werden sich erheben."

Die Ukraine galt als das „Brudervolk" der Russen. Offensichtlich bezieht sich dieser Vers auf diesen Konflikt. Die Vorhersage:

„Der große Führer wird seinem Gift erliegen" ist nicht wörtlich zu verstehen. Er bedeutet, dass der Führer Opfer seiner eigenen Methoden wird: Wahrscheinlich durch die drei Anhänger, die sich erheben werden.

Die "Stadt Gottes" könnte symbolisch für einen Ort oder ein Land stehen, das als zentral oder mächtig angesehen wird..

7.2 Mögliche Ereignisse im Jahr 2025 und in den folgenden Jahren

Diese Prophezeiung lässt vermuten, dass das Jahr 2025 und die folgende Jahre von politischen Umwälzungen und möglicherweise von einem Wechsel in der Führungsspitze einiger Länder geprägt sein könnte. Solche Ereignisse könnten bestehende Machtstrukturen herausfordern und zu einer Neubewertung internationaler Bündnisse und politischer Prioritäten führen. Die Vorhersage könnte auch auf die Notwendigkeit hinweisen, Transparenz, Gerechtigkeit und demokratische Prozesse zu stärken, um politische Stabilität zu gewährleisten.

Kapitel 8: Soziale Bewegungen und kultureller Wandel

8.1 Interpretation der Quatrains

Ein Quartain, das oft im Zusammenhang mit sozialen Bewegungen und kulturellem Wandel interpretiert wird, lautet:

"Durch die leeren Straßen wird das Schreien des Volkes hallen, Zeichen im Himmel und auf Erden fordern Gleichheit. Die Mauern, die einst trennten, werden niedergerissen, und das Buch des Wissens wird für alle geöffnet."

Diese Verse könnten symbolisch auf eine Zeit großer sozialer Umwälzungen hinweisen, in der Forderungen nach Gerechtigkeit und Gleichheit in den Vordergrund treten. Die Erwähnung von "leeren Straßen" könnte auf Protestbewegungen hinweisen, die "Zeichen im Himmel und auf Erden" möglicherweise auf außergewöhnliche Ereignisse oder eine globale Bewusstseinsänderung.

8.2 Mögliche Ereignisse im Jahr 2025 und in den folgende Jahren

Das Jahr 2025 könnte demnach von einer Welle sozialer Bewegungen geprägt sein, die sich für verschiedene Ursachen einsetzen, darunter Klimaschutz, soziale Gerechtigkeit und die Demokratisierung von Wissen und Bildung. Die "Mauern, die einst trennten", könnten metaphorisch für überholte soziale und politische Strukturen stehen, deren Überwindung zu einer inklusiveren und gerechteren Gesellschaft führt.

Der Satz:

„Und das Buch des Wissens wird für alle geöffnet" bedeutet, dass ein großer Teil der Menschheit 2025 und den folgende Jahren Zugang zur „künstlichen Intelligenz" bekommen wird.

Kapitel 9: Entdeckungen in der Astronomie und Raumfahrt

9.1 Interpretation der Quatrains

Ein weiteres Quartain, das sich auf die Zukunft der Astronomie und Raumfahrt beziehen könnte, lautet:

"Am Rand des Universums wird ein neues Licht entdeckt, Das Geheimnis der Sterne wird von Menschenhand enthüllt. Ein großer Sprung für die Menschheit, wie noch nie zuvor, Die Grenzen des Möglichen werden neu definiert."

Diese Verse könnten auf bedeutende Entdeckungen in der Astronomie oder bahnbrechende Fortschritte in der Raumfahrttechnologie hinweisen. Die "Entdeckung eines neuen Lichts" könnte sich auf die Identifizierung eines bisher unbekannten astronomischen Phänomens beziehen, das unser Verständnis des Universums erweitert. Es kann auch als Hinweis auf die Entdeckung ausserirdischen Lebens interpretiert werden.

9.2 Mögliche Interpretationen

Einige Anhänger von Nostradamus'
Prophezeiungen könnten bestimmte Quatrains als
metaphorische Hinweise auf die Entdeckung
außerirdischen Lebens deuten. Zum Beispiel
könnten Verse, die auf himmlische Ereignisse
oder unerklärliche Phänomene hinweisen, in
einem modernen Kontext als Anspielung auf die
Entdeckung von außerirdischer Intelligenz oder
das Empfangen von Signalen aus dem Weltraum
interpretiert werden.

9.3 Die Bedeutung solcher Entdeckungen

Die Entdeckung außerirdischen Lebens, sei es in
Form mikrobieller Lebensformen auf Planeten
unseres Sonnensystems oder als Signale
intelligenter Zivilisationen aus den Tiefen des
Kosmos, würde unsere Sicht auf das Universum
und unseren Platz darin grundlegend verändern.
Es würde nicht nur eine der größten
wissenschaftlichen Entdeckungen aller Zeiten
darstellen, sondern auch tiefgreifende Fragen über
Existenz, Ethik und die Zukunft der menschlichen
Zivilisation aufwerfen.

9.4 Wissenschaftlicher Fortschritt und Nostradamus

Während Nostradamus für seine prophetischen Visionen bekannt ist, basieren wissenschaftliche Entdeckungen auf empirischer Forschung und technologischem Fortschritt. Projekte wie die Suche nach extraterrestrischer Intelligenz (SETI), die Erforschung von Exoplaneten und Missionen zu anderen Planeten und Monden in unserem Sonnensystem tragen alle dazu bei, unser Verständnis darüber zu erweitern, ob wir allein im Universum sind.

9.5 Die Rolle der Menschheit in einer erweiterten kosmischen Gemeinschaft

Die mögliche Entdeckung außerirdischen Lebens würde uns auch dazu zwingen, über unsere Rolle und Verantwortung in einer möglicherweise erweiterten kosmischen Gemeinschaft nachzudenken. Solch ein Durchbruch könnte neue ethische, philosophische und politische Fragen aufwerfen und die Notwendigkeit einer interstellaren Diplomatie hervorheben.

Obwohl Nostradamus' Prophezeiungen keine direkte Vorhersage über die Entdeckung außerirdischen Lebens im Jahr 2025 oder in den folgenden Jahren machen, regt die fortwährende Suche nach Antworten im Kosmos unsere Vorstellungskraft an und erinnert uns an die unbegrenzten Möglichkeiten, die die Zukunft bereithalten könnte. Die Verschmelzung von prophetischen Visionen und wissenschaftlicher Forschung unterstreicht unsere unermüdliche Suche nach Wissen und die Hoffnung, dass wir eines Tages nicht mehr allein im Universum sein könnten.

9.6 Mögliche Ereignisse im Jahr 2025 und in den folgenden Jahren

Im Jahr 2025 und in den folgenden Jahren könnten wir Zeugen einer Ära der Exploration werden, die durch neue Technologien und Missionen charakterisiert ist, die darauf abzielen, das Sonnensystem und darüber hinaus zu erforschen. Diese Fortschritte könnten nicht nur unser Wissen über das Universum erweitern, sondern auch neue Möglichkeiten für die Nutzung von Weltraumressourcen und langfristige menschliche Besiedlung außerhalb der Erde eröffnen. Die Prophezeiung deutet darauf hin, dass diese Entdeckungen die Grenzen dessen, was als möglich gilt, verschieben und zu einem tiefgreifenden Wandel in unserer Beziehung zum Kosmos führen könnten.

Kapitel 10: Naturkatastrophen in 2025 und in den folgenden Jahren

10.1 Interpretation der Quatrains zu Naturkatastrophen

Ein prägnantes Quartain, das für 2025 oder den folgenden Jahren Naturkatastrophen vorhersagt, lautet:

"Der Himmel öffnet sich, die Wasser steigen unermesslich, Überflutungen und Feuer reinigen die Erde, Alter Schmerz vergeht, neues Leid entsteht, Bis der Mensch lernt, die Zeichen zu achten."

Diese Verse könnten auf eine Vielzahl extremer Naturereignisse hinweisen, die durch den Klimawandel verstärkt werden, wie etwa massive Überschwemmungen, verheerende Waldbrände und andere Umweltkatastrophen. Die Erwähnung des Himmels, der sich öffnet, und des unermesslichen Anstiegs der Wasser könnte auf die Zunahme und Intensität von Sturmfluten und Überschwemmungen hindeuten, während Feuer die weltweit zunehmende Häufigkeit von Waldbränden symbolisieren könnte.

10.2 Mögliche Naturkatastrophen im Jahr 2025 und in den folgenden Jahren

Die Prophezeiung malt ein düsteres Bild möglicher Naturkatastrophen für das Jahr 2025 und für die folgenden Jahre, die sowohl eine direkte Folge menschlichen Handelns als auch eine natürliche Konsequenz langfristiger ökologischer Veränderungen sind. Zu den möglichen Ereignissen gehören:

- **Überschwemmungen**: Anstieg des Meeresspiegels und extreme Wetterereignisse könnten zu nie dagewesenen Überschwemmungen in Küstengebieten und Flussdeltas führen.
- **Waldbrände**: Anhaltende Dürreperioden und steigende Temperaturen könnten die Bedingungen für großflächige und zerstörerische Waldbrände schaffen.
- **Stürme und Hurrikane**: Die Zunahme der Meeresoberflächentemperaturen könnte zu intensiveren und häufigeren Stürmen und Hurrikanen führen.

10.3 Die Notwendigkeit des Wandels

Die Verse von Nostradamus erinnern uns daran,
dass trotz der Unvermeidlichkeit von
Veränderungen und Katastrophen die Menschheit
die Fähigkeit besitzt, ihre Auswirkungen durch
bewusstes Handeln und nachhaltige Praktiken zu
mildern. "Bis der Mensch lernt, die Zeichen zu
achten", könnte eine Aufforderung sein, unsere
Beziehung zur Natur zu überdenken und Wege zu
finden, im Einklang mit unserer Umwelt zu leben.

10.4 Anpassung und Resilienz

Die Herausforderungen, die durch diese
prophezeiten Naturkatastrophen entstehen,
erfordern eine globale Antwort, die sowohl
Anpassung als auch Resilienz umfasst. Dazu
gehören:

- **Klimaschutzmaßnahmen**: Reduzierung der
  Treibhausgasemissionen und Förderung
  erneuerbarer Energien.
- **Anpassungsstrategien**: Entwicklung von
  Infrastrukturen und Gemeinschaften, die
  widerstandsfähig gegenüber extremen
  Wetterereignissen sind.

- **Bewusstseinsbildung und Bildung**:
  Förderung eines tieferen Verständnisses
  der Ursachen und Folgen des Klimawandels
  sowie der Bedeutung des Schutzes unserer
  natürlichen Ressourcen.

Dieses Kapitel über die Naturkatastrophen, die
Nostradamus für das Jahr 2025 und folgende
Jahre voraussieht, zeigt nicht nur die potenziellen
Gefahren auf, die uns bevorstehen könnten,
sondern betont auch die Dringlichkeit und
Notwendigkeit, als globale Gemeinschaft
zusammenzuarbeiten, um diese
Herausforderungen anzugehen und eine
nachhaltigere Zukunft zu gestalten.

Impressum:
Bibliografische Information der Deutschen
Nationalbibliothek:
Die Deutsche Nationalbibliothek verzeichnet diese
Publikation in der Deutschen Nationalbibliografie;
detaillierte bibliografische Daten sind im Internet
über dnb.dnb.de abrufbar.

Copyright: © Georg Meier

Herstellung und Verlag: BoD – Books on Demand,
Norderstedt

ISBN Nummer: 9783757859800